BEI GRIN MACHT SICH IHR WISSEN BEZAHLT

AF135520

- Wir veröffentlichen Ihre Hausarbeit, Bachelor- und Masterarbeit

- Ihr eigenes eBook und Buch - weltweit in allen wichtigen Shops

- Verdienen Sie an jedem Verkauf

Jetzt bei www.GRIN.com hochladen und kostenlos publizieren

Bibliografische Information der Deutschen Nationalbibliothek:

Die Deutsche Bibliothek verzeichnet diese Publikation in der Deutschen National-bibliografie; detaillierte bibliografische Daten sind im Internet über http://dnb.d-nb.de/ abrufbar.

Impressum:

Copyright © 2019 GRIN Verlag
Druck und Bindung: Books on Demand GmbH, Norderstedt Germany
ISBN: 9783346005571

Dieses Buch bei GRIN:

https://www.grin.com/document/495167

Leonie Traber

Werthers Untergang. Eine Analyse dreier Aspekte seiner Persönlichkeit

Werthers Emotionalität, sein Rückzug in eigene Welten und seine Philosophennatur in "Die Leiden des jungen Werther"

GRIN Verlag

GRIN - Your knowledge has value

Der GRIN Verlag publiziert seit 1998 wissenschaftliche Arbeiten von Studenten, Hochschullehrern und anderen Akademikern als eBook und gedrucktes Buch. Die Verlagswebsite www.grin.com ist die ideale Plattform zur Veröffentlichung von Hausarbeiten, Abschlussarbeiten, wissenschaftlichen Aufsätzen, Dissertationen und Fachbüchern.

Besuchen Sie uns im Internet:

http://www.grin.com/

http://www.facebook.com/grincom

http://www.twitter.com/grin_com

Werthers Untergang

–

eine Analyse dreier Aspekte seiner Persönlichkeit

Leonie Traber

Maturaarbeit 2019

Literargymnasium Rämibühl Zürich

Inhaltsverzeichnis

1. Einleitung

1.1. Motivation

«Die Bücher entzünden uns, wenn das Glück uns lacht, sie trösten uns, wenn das Ungemach uns zu quälen beginnt.» - Arthur Schnitzler

Dieses Zitat von Arthur Schnitzler, einem österreichischen Dramatiker und Erzähler, spricht mir aus dem Herzen. Die Macht eines literarischen Werkes, den Leser vollumfänglich in seinen Bann zu ziehen, ist meiner Meinung nach eine der höchsten Künste überhaupt. Einen Menschen mit Worten in jede erdenkliche Gemütslage zu versetzen, zu Tränen zu rühren und zu Freudensprüngen und Wutausbrüchen anzuregen, ist für mich faszinierend. Literatur hat die Menschen über Jahrhunderte in jeder Ecke der Welt begeistert und verzaubert, zu Aufstand und Revolution animiert. Politische Debatten, hitzige Diskussionen über Lebensgrundsätze und die Entstehung, sowie den Umsturz ganzer Gesellschaftsgruppen darf sich die Literatur zuschreiben. Darüber hinaus macht es uns jedes geschriebene Werk möglich, vergangenes Leben und das Wirken einer Gesellschaft zu erfassen. Alles, was die Menschheit gedacht, gefühlt oder erlebt hat, können wir uns mithilfe von verschiedensten Formen der Literatur verbildlichen.

Es sind diese Reize der Wortkunst, die mich dazu veranlasst haben, ihr meine Maturaarbeit zu widmen.

Die Entscheidung, welches Werk im Zentrum meiner Arbeit stünde, fiel mir nicht schwer. Es sollte aus einer frühen literarischen Epoche stammen, da mich die Auseinandersetzung mit einer mir ungewohnten Sprache sowie anderen Weltanschauungen und deren Einflüsse auf ein Werk reizt. Dadurch erlange ich einen Einblick in eine andere Welt und versuche zu verstehen, wie Menschen in vorherigen Jahrhunderten gelebt und gedacht haben. Meine Wahl fiel auf Werther, da mich das Werk bereits bei früherer Lektüre fesselte und mich die facettenreiche Persönlichkeit des Protagonisten faszinierte. Auch die Gestaltung des Romans anhand von Briefen ist aussergewöhnlich und somit interessant zu ergründen.

1.2. Fragestellung und These

Bei der ersten Lektüre des Romans vor einiger Zeit stellte ich bereits die These auf, dass Werther sich nicht aufgrund einer verzweifelten Verliebtheit das Leben nähme, da Goethe ihn äusserst differenziert präsentiert. Während der damaligen Diskussionen stand mir die Zeit nicht zur Verfügung, um mich vollumfänglich mit Werther zu beschäftigen. Daher wollte ich die Chance der Maturaarbeit nutzen und meiner Vermutung profund nachgehen. Nachdem ich mich erneut in Goethes Roman eingearbeitet hatte, entwickelte ich schliesslich meine Fragestellung und meine These.

Fragestellung: Inwiefern entspringen die Beweggründe für Werthers Selbstmord seinen persönlichen Veranlagungen?

These: Die Ursprünge von Werthers Verderben sind in seiner Emotionalität zu suchen, in seiner Isolation von der Aussenwelt, seiner Neigung, alles zu hinterfragen und in seinen inneren Gegensätzen.

1.3. Konzept

Meine ursprüngliche Ambition war es, zwei Werke der Literatur miteinander zu vergleichen. Ich finde die Gegenüberstellung verschiedener Autoren, Epochen und Figuren unglaublich mannigfaltig, da sie den Leser dazu auffordert, sich mit den Eigenschaften der Charaktere nicht nur oberflächlich zu befassen, sondern nach Gründen zu suchen, die die Unterschiede erklären, seien dies die Biographie des Autors, Entstehungszeit oder -ort des Werks oder andere Einflüsse, die auf den Text gewirkt haben.

Es war für mich von Anfang an klar, dass eine der beiden literarischen Erschaffungen «Die Leiden des jungen Werther» von Johann Wolfang von Goethe sein würde, da mich der Reichtum an Gesellschaftskritik, verzwickten Verhältnissen zwischen den Charakteren, aber besonders die Komplexität Werthers bereits bei der ersten Lektüre fesselte. Da mich Werthers Niedergang und schliesslich sein Suizid derart mitrissen, wählte ich als Ausgangspunkt meines Vergleichs das Thema *Selbstmord*. Natürlich ist dieses Motiv etwas düster, aber man kann daran die Persönlichkeit einer Figur sehr gut aufrollen. In der Folge habe ich mich auf die Suche nach einem zweiten Text gemacht, der in einer anderen literarischen Epoche geschrieben sein sollte, sodass ich auf die Einflüsse seiner Zeit auf den Autor würde eingehen können. Ich bin auf «Fräulein Else» von Arthur Schnitzler gestossen (1924). Diese Monolog-Novelle schien mir die perfekte Ergänzung zu «Werther» zu sein, da beide jungen Menschen aufgrund innerer Konflikte beschliessen, sich das Leben zu nehmen. Diese inneren Unruhen werden durch äussere Ereignisse verstärkt. Zudem ist die Erzählform beider Texte sehr ich-bezogen; so wird Fräulein Elses Geschichte anhand eines inneren Monologes erzählt. Trotzdem zeigen sich grundlegende Differenzen zwischen Werther und Else: Während zwischen dem Suizid der jungen Frau und einer Provokation ihrerseits Parallelen gezogen werden können, scheint Werther seinen Tod als einzigen Ausweg zu betrachten. Die Handlungsdauer von Elses Geschichte erstreckt sich über einen einzigen Abend, während Werthers Briefe einen Zeitraum von zwei Jahren umfassen. Diesen Thesen wäre ich sehr gerne nachgegangen, um nebst der inhaltlichen Analyse auch die sprachlichen und kontextuellen Eigenheiten der Werke zu deuten und zu vergleichen. Als ich aber mit der Analyse von Goethes Roman begann, merkte ich schnell, wie zeitaufwändig und umfangreich allein diese ausfallen würde. Deshalb beschloss ich nach mehreren Stunden Arbeit schweren Herzens, mich von Fräulein Else zu trennen und meine Arbeit auf den jungen Mann zu beschränken, da mir die Zeit nicht erlauben würde, so detailliert, wie ich es mir vorstellte, auf beide einzugehen.

Aus dieser 'Problematik' – sprich Werthers Vielschichtigkeit – heraus hat sich auch meine finale These ergeben. Ich bin fest davon überzeugt, dass Goethe als Ursache für Werthers Selbstmord nicht seine enttäuschte Liebe zu Lotte erklärt. Trotz der weit verbreiteten Auffassung, Werther gehe an seinem gebrochenen Herzen zugrunde, steht für mich fest, dass Goethe es sich nicht so einfach gemacht hat. Bereits nach der ersten Lektüre hatte ich erfasst, dass sich Werthers Scheitern auf seine Veranlagungen und seinen Charakters zurückführen lässt, die unter anderem durch Lotte nur verstärkt werden und die für seinen Selbstmord verantwortlich sind. Ein Argument, welches für diese Annahme spricht, ist die Geschichte des Bauernburschen. Dieser repräsentiert den verzweifelten Verliebten, welcher sich aufgrund der unerwiderten Zuneigung in den Tod stürzt. Vergleicht man aber Werther mit ihm, so fällt schnell auf, dass der Protagonist weitaus vielschichtiger ist. Dies lässt sich bereits daran aufzeigen, dass Werther gebildet und vielseitig interessiert ist sowie alles hinterfragend und gesellschaftskritisch dem Leben gegenübersteht. Da ich den Fokus mehr auf Werthers Persönlichkeit legen wollte, ist auch die Thematik des Selbstmordes etwas mehr in den Hintergrund getreten.

1.4. Methode

Das Ziel meiner Arbeit ist nicht eine allumfassende Interpretation der Werther-Figur mit Rücksicht auf alle formalen Aspekte und kontextuellen Begebenheiten. Vielmehr möchte ich mich auf drei Wesenszüge des Protagonisten fokussieren und diese mit umso grösserer Sorgfalt und Tiefe aufarbeiten. Hätte ich die Möglichkeit, meine Maturaarbeit ohne Rücksicht auf die verfügbare Zeit auszudehnen, so würde ich selbstverständlich mit viel Elan die obengenannten Punkte miteinbeziehen und Werther in allen seinen Facetten ergründen.

Bei der Vorgehensweise des Verfassens meiner Maturaarbeit wollte ich von Beginn an möglichst auf die Arbeit mit der Primärliteratur, sprich Goethes Werk «Die Leiden des jungen Werther», konzentrieren. Das textnahe Analysieren finde ich besonders deshalb interessant, weil ich dabei den Fokus auf die Charaktere des Werkes legen und somit nahe beim Autor bleiben kann. Dies ermöglicht mir, eine eigenständige, unabhängige Meinung zu bilden und diese anhand von Textstellen aus dem Stück zu belegen, ohne mich dabei auf die Erkenntnisse anderer stützen zu müssen. Es ist jedes Mal aufs Neue ein Erfolgsgefühl, eine eigene These in der Sekundärliteratur bestätigt zu finden und umso spannender, über Differenzen in den Interpretationen nachzudenken und somit verschiedenen Denkweisen und -ansätzen zu begegnen. Ich finde es äusserst faszinierend, welche Vielzahl an ausgereiften interpretatorischen Ansätzen zu «Werther» verfasst worden sind und wie viele Menschen Goethe dazu animiert hat, sich mit seinem Protagonisten tiefgründig auseinander zu setzen. Selbstverständlich kann ich selbst bestens nachvollziehen, weshalb man von Werthers Charakter in Bann gezogen wird. Seine Vielfältigkeit lässt sich bereits aus den Reaktionen von Goethes Zeitgenossen erschliessen, welche sofort polarisierten.

> «In ganz Europa grassierte eine neue Krankheit: das 'Wertherfieber'.»[1]

Ob voller Entrüstung oder voller Mitgefühl und Euphorie, jeder wurde von Goethes Roman mitgerissen. Die Tatsache, dass der Roman knapp zweihundertfünfzig Jahre nach seiner Entstehung noch immer von hoher Aktualität ist, zeugt ebenso von dessen Genialität.

Um also beim Werk zu bleiben, habe ich nach dessen mehrfacher Lektüre meine Thesen aufgestellt und diese mit Stellen aus dem Roman unterstützt und zu einem Text verflochten, bevor ich mich mit der Sekundärliteratur auseinandergesetzt habe. Die herbeigezogenen Essays und Interpretationen habe ich alle auf Ihre Brauchbarkeit überprüft. Schliesslich habe ich in den berücksichtigten Abhandlungen Argumente gesucht, die meine These einerseits unterstreichen, andererseits aber auch widerlegen und mir überlegt, inwiefern und warum sie sich von meinen Argumenten unterscheiden. Indem ich Zitate direkt aus eben diesen Schriften übernommen und in meine Arbeit einfliessen liess, untermauerte ich meine Aussagen. Zwei der Sekundärwerke, welche meine Analyse sehr bereichert haben, ist zum einen Annette Graefes Erörterung zum «Suizidmotiv in der deutschsprachigen Literatur», anderseits die Oldenbourg Interpretation zu «die Leiden des jungen Werther» von Edgar Hein. Ersteres Werk geht vertieft auf das Motiv des Selbstmords und dessen Bedeutung im gesellschaftlichen Kontext ein. Obwohl sich Graefe mit insgesamt über 90 Suizidtexten beschäftigt, wendet sie ihr Fachwissen detailliert und verständlich auf Werther an. Die Dissertation nimmt Bezug auf 350 Jahre der deutschen Literaturgeschichte, was mir einen vielfältigen Überblick über das Thema verschaffen hat. Im Gegenzug berücksichtigt Edgar Hein weniger den Selbstmord als solches, sondern legt den Fokus auf die Persönlichkeit des Protagonisten. Sowohl die Diskussion der Gestalt und somit dem Inhalt des Romans, als auch die Thematisierung des geistesgeschichtlichen Umfeldes Goethes haben erheblich zu meiner Gewinnung neuer Erkenntnisse beigetragen.

---

[1] Hein, Edgar. *Die Leiden des jungen Werther, Oldenbourg Interpretation* (1997). S. 74.

Der Schwerpunkt meiner Arbeit liegt, wie bereits erwähnt, auf der inhaltlichen Analyse von Goethes Werk. Dabei setze ich mich eingehend mit Werther als Figur auseinander und ergänze an einigen Stellen Wissen über den Kontext des Romans, welches zu besserem Verständnis gewisser Aktionen Werthers verhilft. Ausserdem streife ich formale Aspekte wie Erzählform und literarische Stilmittel, wo diese der inhaltlichen Analyse verhelfen.

Ich habe entschieden, mich bei meiner Interpretation mit der ersten Fassung des Romans auseinander zu setzen, da ich das ursprüngliche Werk behandeln möchte, um die 'originalen' Gedanken und Intentionen des Autors erforschen zu können.

2. Inhaltliche Analyse

Die Ursache für Werthers Verderben – entgegen den Erwartungen eines Lesers, der «Die Leiden des jungen Werther» verschlungen hat – findet, so behaupte ich, ihren Ursprung nicht in einer enttäuschten Liebe. Im Gegenteil – der Grund für Werthers Niedergang keimt lange in seinem Innern, bevor er mit Lotte Bekanntschaft schliesst. Innere Konflikte und der Aufbau einer eigenen Welt, sowie das ständige Hinterfragen seiner Umwelt bestimmen Werthers Verhalten. Die unerwiderte Zuneigung, die der junge Mann gegenüber Lotte verspürt, ist Ausdruck seiner Isolation von der Aussenwelt, seiner überschwänglichen Emotionalität und seiner Philosophennatur, die seinen schon vorhandenen Zwiespalt aufwiegeln. Es sind diese Faktoren, die ihn letztendlich dazu führen, seinem Verfall in die offenen Arme zu rennen oder – wie Werther so schön sagt – 'mit Wollust den Becher, den Lotte ihm zu seinem Verderben reicht, auszuschlürfen'.

«Werthers 'Leiden' – darin liegt die Einheit der Handlung, und diese ergibt sich aus der Persönlichkeit.»[2]

Werthers Emotionalität und sein Hang zum Philosophieren sowie die Abkapselung von seinem Umfeld, einerseits in Form der Gesellschaft, andererseits von der Realität, sind eng verknüpft. Sie bilden ein Netz, durch dessen Löcher Werther fällt, als seine Illusionen zu bröckeln beginnen.

2.1. Extreme und Werthers Emotionalität

2.1.1. Werthers Emotionale Veranlagungen

Ein wesentlicher Bestandteil von Werthers Verzweiflung sind seine ausgeprägte Emotionalität und seine Schwäche, den Extremen zu verfallen. Der junge Mann ist niemals in ausgeglichener Stimmung, aufbrausende und wuchtige Regungen dominieren sein Gemüt. Gabriele Adler beschreibt Werther-Figuren als «junge Menschen mit idealistischem und labilem Charakter, hoher Sensibilität und extremer Emotionalität».[3] Werther ist entweder optimistisch

4. Mai 1771: «Sag der Mutter, es werde alles gut gehen[.]»

oder pessimistisch gestimmt

22. Mai 1771: «Wenn ich die Einschränkung ansehe, in welcher die tätigen und forschenden Kräfte des Menschen eingesperrt sind [...], macht [es] mich stumm.», «unsere arme Existenz»

und interpretiert sofort zugunsten der Gefühlswelt.

4. Mai 1771: «[M]an fühlt gleich beim Eintritte, dass nicht ein wissenschaftlicher Gärtner, sondern ein fühlendes Herz den Plan [für den Garten] gezeichnet[.]»

«Das Selbst und die Objekte werden alternierend als gut oder böse erlebt»[4], für Werther gibt es kein «Neutral».
Seine übertriebene Bewegtheit zeichnet sich auch auf sprachlicher Ebene ab: Anstatt von Gräsern und Mücken zu schreiben, zählt Werther in seinem Brief an Wilhelm (10. Mai 1771) «Gräschen», «Wimmeln der kleinen Welt» und «Mückchen näher an meinem Herzen» auf. Alles erscheint ihm zärtlicher, als es eigentlich ist («das liebe Tal») und auch Dinge, vor denen andere Menschen

---

[2] Borchert, Hans Heinrich. *Der Roman der Goethezeit* (1949). S. 31.

[3] Adler, Gabriele. *Die Darstellung des Suizids in der deutschsprachigen Literatur seit Goethe* (1995). S. 17.

[4] Auer, Elisabeth. *«Selbstmord begehen zu wollen ist wie ein Gedicht zu schreiben»* (1999). S. 105.

zurückschrecken, erfreuen ihn («Würmchen»). Er sieht zu Beginn seiner Briefschaften ein, dass er sich zu stark von seinen Gefühlen leiten lässt.

> 10. Mai 1771: «Ich bin [...]so ganz in dem Gefühle von ruhigem Dasein versunken, dass meine Kunst darunter leidet.»

Er geniesst die «wunderbare Heiterkeit» «mit ganzem Herzen», sodass es ihn fast erdrückt

> 10. Mai 1771: «[I]ch erliege unter der Gewalt der Herrlichkeit dieser Erscheinungen».

Überdies bedauert er diejenigen, die nicht so empfinden können wie er.

> 12. Mai 1771: «O der muss nie nach einer schweren Sommertagswanderung sich an des Brunnens Kühle gelabt haben, der das nicht mitempfinden kann»

Die Kehrseite seines entflammten Glücks kommt bereits einen Tag später zum Vorschein.

> 13. Mai 1771: «Wie oft lull ich mein empörtes Blut zur Ruhe, denn so ungleich, so unstet hast du nichts gesehen als dieses Herz.»

In ihrer Untersuchung über den Suizid als Literaturmotiv hält Agata Gontarczyk fest: «Sie [die Charaktere der Figuren] zeichneten sich durch eine herausragende Empfindlichkeit und Rührseligkeit aus», was stark auf Werther zutrifft.[5]

Werther unterwirft sich seinen Gefühlen, indem er sich gänzlich von ihnen geleiten lässt, obwohl er spürt, dass sie ihn krank machen.

> 13. Mai 1771: «Auch halte ich mein Herzchen wie ein krankes Kind, jeder Wille wird ihm gestattet.»

2.1.2. Verstärkung von Werthers Emotionalität durch Lotte

Bereits ohne Lottes Einfluss fühlt Werther diese übermächtige Leidenschaft, sie ist also tief in ihm verankert und wird durch die Anwesenheit der jungen Frau nur weiter angetrieben. Graefe schreibt: «Die Liebe zu der verlobten Lotte steigert seine Melancholie und seinen Weltschmerz.»[6] Ausserdem leidet Werther mit seinen Mitmenschen mit und hadert mit jedem betrüblichen Schicksal. Beispielhaft dafür steht die Geschichte des Bauernburschen, denn Werther, «wie selbst davon entzündet, lechz[t] und schmachte[t]» (30. Mai 1771). Er lässt zu, dass er in Erinnerungen schwelgt, die lange zurückliegen und lässt sich von ihrem Strom der Melancholie mitreissen.

> 17. Mai 1771: «Ach, dass die Freundin meiner Jugend dahin ist.»

Annette Graefe behandelt in «Das Suizidmotiv in der deutschsprachigen Literatur» ebenfalls Werthers extreme Stimmungslagen. Sie beschreibt, dass er sich zunächst noch aus seiner Emotionalität lösen kann, aber schliesslich in Gedanken über die Unerträglichkeit seines Zustandes versinkt.[7] Sie beschreibt, dass Werther sich aus seinen Gemütsvorgängen nicht mehr zu befreien weiss.

Nach einigen Tagen Bekanntschaft mit Lotte macht Werther sein Leben von ihr abhängig

> 1.Julius 1771: «Um deinetwillen muss ich leben!»

---

[5] Gontarczyk, Agata. *Der Suizid in der Literatur des Umbruchs vom 18. zum 19. Jahrhundert* (2013). S. 3.
[6] Graefe, Annette. *Das Suizidmotiv in der deutschsprachigen Literatur – Gestaltung und Funktion* (2017). S. 296.
[7] Ebd. S. 261.

– ebenfalls ein Ausdruck seiner Überschwänglichkeit. Als die junge Frau ihm die letzte Rationalität raubt, wirft er sich ihr zu Füssen und vergleicht ihren Waschgang mit einer Taufe.

6. Julius 1771: «Ich sage dir, Wilhelm, ich habe mit mehr Respekt nie einer Taufhandlung beigewohnt – und als Lotte heraufkam, hätte ich mich fern vor ihr niedergeworfen wie vor einem Propheten, der die Schulden einer Nation weggeweiht hat.»

2.1.3. Sprachliche Manifestation von Werthers Empfinden

Mithilfe von Hyperbeln

10. Mai 1771: «Bester Freund»/«[I]ch bin nie ein grösserer Maler gewesen als in diesen Augenblicken[.]»

1. Julius 1771: Vergleich Lottes mit einer Heiligen: «[D]a er Lotten sah, ward er wie neu belebt[.]»

und Ausrufen (Interjektionen)

17. Mai 1771: «O Bestimmung des Menschen!»

gelingt es Goethe, Werthers Extreme zu verdeutlichen. «Die Verknappung», Ellipsen, Einwortsätze, Ausrufewörter, weisen ebenso auf die «Emotionalität des Sprechens, das empathische Moment in der Rede Werthers»[8] hin. Diese Art von Emotionalität nimmt während dem Verlauf des Werkes immer mehr Gestalt an (siehe weiter unten). Werther selbst sieht seine Übertreibungen ein, denn er schreibt: «du wirst mich, wie gewöhnlich, denk ich, übertrieben finden» (30. Mai 1771). Werthers «Bewusstsein [...], welches um den immer gleichen Gegenstand seiner Leidenschaften kreist und sich aus diesen Gemütsvorgängen nicht mehr befreien kann und will»[9], veranschaulicht seine immer schlimmer werdende Festklammerung an seine Emotionen.

Werthers Überempfindlichkeit kann in «vielen Aussagen des fiktiven Autors als eine gewisse implizite Kritik des Autors seiner Werther-Gestalt gegenüber»[10] aufgefasst werden, da seine «bis hin zu paranoiden Reaktionen» den Leser dazu auffordern, Werthers Unfähigkeit, eine Balance zu finden, zu erkennen. Werther ist nicht imstande, seine Lebensweise sowohl an Herz, als auch an Verstand anzupassen, was ihn hilflos macht, als seine Welt zusammenbricht (siehe 2.2. Eigene Welten).

2.2. Werthers Eigene Welten

2.2.1. Die Diskrepanz zwischen Werther und der Gesellschaft

Der junge Mann zeigt bereits zu Beginn seiner Briefschaften mit Wilhelm, dass er sich seiner Aussenwelt entzieht, sowohl den gesellschaftlichen Normen als auch seinem direkten Umfeld. Im ersten Brief des 4. Mai 1771 bringt er zum Ausdruck, «Wie froh ich bin, dass ich weg bin!» und zeigt auf, dass er sich lieber isoliert, als sich in eine Gemeinschaft einzufügen. Mit der Verschlechterung von Werthers Gemütszustand nimmt auch die Entfernung von seiner Aussenwelt zu. Während Werther

---

[8] Hotz, Karl. *Goethes 'Werther' als Modell für kritisches Lesen* (1974). S. 11.
[9] Graefe (2017). S. 322.
[10] Auer (1999). S. 135.

sich anfangs lieber allein herumtreibt und über die Normen der Öffentlichkeit nur schimpft, verwandelt sich diese Ungunst gegen Ende in Abscheu und gar Hass.

15.März 1772: «Hole sie der Teufel!»

«Werthers jugendlich ungestümes Aufbegehren gegen die Kerkerhaftigkeit der sozialen Welt ist umgeschlagen in einen pathologischen Welthass.»[11]

Werthers eigenes Ich ist wichtiger als die äussere Welt[12] und der Sog seiner Selbstausgrenzung endet im Todeswunsch.[13]

2.2.1.a Werther als Einzelgänger

Wie oben erläutert, drückt Werther schon im ersten Brief aus, dass er Zurückgezogenheit der Eingliederung in eine Gesellschaft vorzieht. Er verbringt nicht nur sehr viel Zeit in der Natur, sondern er kritisiert darüber hinaus seine Mitmenschen und deren Ansichten. Er spricht sich gegen gesellschaftliche Ordnungen aus, bezeichnet die Adeligen als «feige» (15.Mai 1771) und bemängelt deren Abstand zu den «geringen Leuten», zu denen sich Werther hingezogen fühlt.

15. Mai 1771: «Leute von einigem Stande werden sich immer in kalter Entfernung vom gemeinen Volke halten [...] der, der nötig zu haben glaubt, vom so genannten Pöbel sich zu entfernen, um den Respekt zu erhalten, ebenso tadelhaft ist als ein Feiger.»

Am wohl eindeutigsten übt Werther an der bürgerlichen Oberschicht Kritik, als er behauptet, wer sich nach jenen bilde, könne nur Schlechtes hervorbringen.

15. Mai 1771: «[E]in Mensch, der sich nach [der bürgerlichen Gesellschaft] bildet, wird etwas Abgeschmacktes und Schlechtes hervorbringen, [...] dagegen wird aber auch [...] das wahre Gefühl von Natur und den wahren Ausdruck derselben zerstör[t]!».

Trotz Werthers Bemängelung der adeligen Lebensform ist seine Sympathie gegenüber den unteren Ständen keineswegs bedingungslos. Aus seiner Haltung gegenüber den unterbürgerlichen Schichten spricht trotz seiner Verbundenheit ein überlegenes Selbstbewusstsein[14], er weiss sogar seine Vorteile aus der Lage zu ziehen, was dazu führt, dass er sich auch dieser Gemeinschaft nicht vollständig widmet oder zugehörig fühlt.

15. Mai 1771: «Ich weiss wohl, dass wir nicht gleich sind, noch sein können.»

24. Dezember 1771: «Zwar weiss ich so gut als einer, wie nötig der Unterschied der Stände ist, wie viel Vorteile er mir selbst verschafft[.]»

Der Rückzug des Protagonisten in eigene Welten kommt besonders dadurch zum Ausdruck, dass er sich sprachlich von der übrigen Gesellschaft abgrenzt. Zu Beginn seiner Briefschaften ist er zwar der Gesellschaft gegenüber bereits abgeneigt,

---

[11] Hein (1997). S. 50.
[12] Ebd. S. 37. / Reiss, Hans. *Goethes Romane* (1963). S. 17.
[13] Ebd. S. 42.
[14] Flaschka, Horst. *Goethes «Werther», Werkkontextuelle Deskription und Analyse*. Wilhelm Fink Verlag. S. 64.

24. Dezember 1771: «**Die meisten Menschen** verarbeiten den grössten Teil der Zeit, um zu leben, und das bisschen, das **ihnen** von Freiheit übrig bleibt, ängstigt **sie** so, dass **sie** alle Mittel aufsuchen, um es los zu werden.»

doch er bezieht sich selbst noch teilweise in seine Umwelt mit ein.

24. Dezember 1771: «Und doch! Missverstanden zu werden ist das Schicksal von unsereinem[.]»

Allerdings distanziert er sich bereits am 12. August 1771 ausdrücklich von 'den Menschen'.

«Dass **ihr Menschen** um von einer Sache zu reden, gleich sprechen müsst: das ist töricht, das ist klug, das ist gut, das ist bös! [...] Ach **ihr vernünftigen Leute!** Leidenschaft! Trunkenheit! Wahnsinn! **Ihr** steht so gelassen, so ohne Teilnehmung da, **ihr sittlichen Menschen!** [...] ich bin mehr als einmal trunken gewesen, meine Leidenschaften waren nie weit vom Wahnsinn, und beides reut mich nicht»

2.2.1.b. Werthers Auflehnung gegen gesellschaftliche Normen

Darüber hinaus wehrt sich Werther mit dieser Aussage aktiv gegen die sozialen Normen. Er vertritt Meinungen, die im Volk nicht angesehen sind. Beispielsweise sieht er nicht ein, weshalb Erwachsene über Kindern stehen sollten und hält die Pünktlichkeit für ein Laster.

29. Junius 1771: «Und nun, mein Bester, sie, die unseresgleichen sind, die wir als unsere Muster ansehen sollten, behandeln wir als Untertanen. Sie sollen keinen Willen haben!»

24. Dezember 1771: «Er ist der pünktlichste Narr, den es nur geben kann[.]»

Während des Gesprächs über Suizid mit Albert am 12. August 1771, der die Gesellschaft repräsentiert, zeichnen sich die Meinungsunterschiede Werthers und seiner Umwelt erneut ab. Die Auffassung des Themas der beiden Diskutierenden unterscheidet sich klar. Albert hält den Selbstmord für «nichts anderes als eine Schwäche», während Werther ihn als eine Art mutigen Befreiungsaktes betrachtet.

12. August 1771: «[U]nd wir gingen auseinander, ohne einander verstanden zu haben. Wie denn auf dieser Welt keiner leicht den andern versteht[.]»

Ein weiteres Beispiel dafür, dass Werther sich gegen die allgemein vertretenen Ansichten stellt, ist seine Aussage, zu viel Rationalität zerstöre Liebe und Kunst. Hier wird auch die Gegenüberstellung von Gesellschaft und Natur deutlich, welche Werther als «echte soziale Alternative»[15] annimmt. Hans-Georg Werner beschreibt die «Ausgliederung aus der Gesellschaft» als «Möglichkeit der Selbstverwirklichung» für Werther.

Seine Ansichten erscheinen kurz vor dem Tod («Der Herausgeber an den Leser») gekünstelt, so als sei ihr Sinn und Zweck, der allgemeinen Meinung oder gar den Gesetzen zu widersprechen: Werther bringt Verständnis für den Mörder des Bauernjungen auf und hält ihn für unschuldig.

12. August 1771: «Unsere Gesetze selbst, diese kaltblütigen Pedanten[16], lassen sich rühren und halten ihre Strafe zurück.»

---

[15] Werner, Hans-Georg. *Umfrage – Zum Erbe in Wissenschaft und Praxis* (1970). S. 194/95. / Scherpe, Klaus. *Werther und Wertherwirkung* (1775). S. 39
[16] abwertender Begriff für einen Menschen, der alles mit peinlicher Exaktheit ausführt

2.2.1.c. Die Kluft zwischen Werthers Stolz und seiner Einschränkung

Werther betrachtet seine Eigenschaften, die ihn von der Masse unterscheiden, als positiv. Zu seiner Distanzierung von der Gesellschaft trägt also auch sein Stolz bei[17].

Mit dem Zitat «Denn ich sage dir, Lieber, du hast Recht. Seit ich unter dem Volke alle Tage herumgetrieben werde, und sehe, was sie tun und wie sie's treiben, stehe ich viel besser mit mir selbst.» scheint Werther sagen zu wollen, dass er sich den anderen Menschen überlegen fühlt.

Allerdings sieht er sich durch die Regeln der Gesellschaft eingeschränkt in der Entfaltung seiner eigenen Welt. Das Verlangen, aus dem Eingeschränkten und Bedingten ins Unendliche, Schrankenlose zu entfliehen, ist der Grundzug von Werthers Wesen.[18] Dieser Begierde werden durch die Normen der Gesellschaft Grenzen gesetzt.

> Graefe: «Doch er lebt mit dem permanenten Gefühl der Einschränkung, da die Aussenwelt seinen Kräften und Fähigkeiten Grenzen setzt.»[19]

2.2.1.d. Die Reaktionen der Umwelt auf Werther
2.2.1.d.i. Medicus

Werthers Abstand zu seinen Mitmenschen fällt zudem nicht nur aufgrund seiner eigenen Einstellung auf, auch deren Reaktion auf sein Verhalten verdeutlicht die Diskrepanz zwischen Werther und 'den anderen'. Werther berichtet vom Medicus, der vorbeikommt, als er mit Lottes Geschwistern spielt.

> 29. Junius 1771: «[Der Medicus] fand [das Spielen mit den Kindern] unter der Würde eines gescheiten Menschen […], ich liess mich aber in nichts stören, […] auch ging er darauf in der Stadt herum und beklagte: des Amtsmanns Kinder wären schon ungezogen genug, der Werther verderbe sie nun völlig.»

Zu diesem Zeitpunkt ist Werther eingenommen von seiner Faszination für Lotte, welche ihn glücklich stimmt, sodass ihn seine Isolation von der Aussenwelt nicht weiter beschäftigt. Später, als er sich Lottes Abneigung bewusst wird und er vom Fest des Grafen verwiesen wird, holt Werther seine Abkapselung von der Gesellschaft wieder ein.

> «Das Motiv der sozialen Kränkung trägt zur Steigerung der Isolation Werthers bei und erhöht wirksam seine Aussenseiterrolle.»[20]

Auf der einen Seite will sich der Protagonist also der Struktur des Zusammenlebens nicht ergeben, denn er «lieb[t] die Subordination nicht sehr», weshalb er nach kurzer Zeit den Grafen von C., der ihm Arbeit gegeben hat, wieder verlässt, um nicht dem anderen Gesandten untergeordnet sein zu müssen. Auf der anderen Seite kann Werther es nicht ertragen, aus dem gesellschaftlichen Gefüge ausgeschlossen zu werden.

2.2.1.d.ii. Adel

Werthers fehlende Integration in seine Umwelt zieht sich durch das ganz Werk.

> 24. Dezember 1771: «Sieh, ich kann das Menschengeschlecht nicht begreifen.»

---

[17] Bloom, Karin. *Individuum versus Gesellschaft. Die Funktionen des Erzählers in Goethes Werther* (2009). S. 20.
[18] Mann, Thomas. *Goethes 'Werther'* (1941). S. 98.
[19] Graefe (2017). S. 295.
[20] Migge, Walther. *Goethes «Werther». Entstehung und Wirkung* (1967). S. 47.

Trotzdem leidet er stark darunter, als man ihn abweist. Als sich Gäste des Festes des Grafen gegen ihn wenden und ihn verpönen,

> 15. März 1772: «Ich merkte nicht, dass die Weiber am Ende des Saales sich in die Ohren flüsterten, dass es auf die Männer zirkulierte, dass Frau von S. mit dem Fragen redete, bis endlich der Graf auf mich losging und mich in ein Fenster nahm. „Die Gesellschaft ist unzufrieden, merke ich, Sie hier zu sehn."»

reagiert er betroffen und hegt deswegen Suizidgedanken.

> 15. März 1772: «Und da man nun heute gar, wo ich hintrete, mich bedauert, da ich höre, dass meine Neider nun triumphieren und sagen: da sähe man's, wo es mit den Übermütigen hinausginge, die sich ihres Kopfs überhöben [...] – da möchte man sich ein Messer ins Herz bohren.»

> 16. März 1772: «Ach ich habe hundertmal ein Messer ergriffen, um diesem gedrängten Herzen Luft zu machen.»

Als Fräulein B. ihm veranschaulicht, wie über ihn getratscht wird,

> 16. März 1772: «[H]eute früh eine Predigt über meinen Umgang mit Ihnen, und ich habe müssen zuhören Sie herabsetzen, erniedrigen, und konnte und durfte Sie nur halb verteidigen.»

ist Werther betrübt, obschon er sich von genau dieser gesellschaftlichen Gruppe immer hat abgrenzen wollen.

> 16. März 1772: «Jedes Wort, das sie sprach, ging mir wie ein Schwert durchs Herz. Sie fühlte nicht, welche Barmherzigkeit es gewesen wäre, mir das alles zu verschweigen. [...] Ich war zerstört[.]»

2.2.1.e. Die Bedeutung Lottes für Werther

Die Bedeutung Lottes zeigt einen weiteren Gegensatz von Werthers Ansichten auf; trotz seiner vehementen Ablehnung der Menschen und seines Alleingangs braucht er die ihre Anerkennung. Mehr noch, er stützt sein Leben auf einer einzigen Person ab: Lotte. Die junge Frau stellt sozusagen das Bindeglied zwischen Werther und der Aussenwelt dar. Als die Beziehung zu Lotte nicht mehr funktioniert, fühlt er sich beim Grafen von C. gut aufgehoben und beginnt, sich in die Gesellschaft zu integrieren, um sich ablenken zu können. Als er von dieser jedoch abgelehnt wird, bricht die Welt wieder zusammen und da er seine eigene zurückgelassen hat, gehört er nirgends mehr hin. Werther hat nun einen Zustand erreicht, «der es ihm verbietet, sich in eine ihm nicht mehr gemässe Gesellschaftsordnung einzufügen»[21].

Meine These wird durch Annette Graefe bestätigt:

> «[...] ein aussergewöhnlich gefühlvoller Mann [entwickelt] aufgrund der Diskrepanz zwischen Ideal und Wirklichkeit im Diesseits eine generelle Suizidtendenz, die sich durch eine unglückliche Liebe zu einer bereits vergebenen Frau immer weiter verstärkt und ihn schliesslich den Weg in ein ideal gedachtes Jenseits wählen lässt.»[22]

---

[21] Hirsch, Arnold. *Die Leiden des jungen Werthers. Ein bürgerliches Schicksal im absolutistischen Staat*, in: *Études Germaniques 13* (1958). S. 241.
[22] Graefe (2017). S. 295.

2.2.1.f. Werther als Bürger des 18. Jahrhunderts

Werthers Abwendung von der Gesellschaft reflektiert den Geist der bürgerlichen Gesellschaft im 18. Jahrhundert, welche Goethe prägte. So schreibt der Schweizer Philosoph Michael Landmann in seinem Werk über die gesellschaftlichen Ursachen psychischer Probleme Folgendes:

«Der Bürger im Deutschland des 18. Jahrhunderts, [...] verfällt in eine Melancholie, die sich von der Welt abwendet, weil diese dem Adel 'gehört'. [...] Die Wertschätzung der Einsamkeit ist die Voraussetzung für die Flucht aus der Gesellschaft.»[23]

Es ist also unschwer nachzuvollziehen, dass der Autor seinen Protagonisten nach dem Befinden seiner eigenen gesellschaftlich-sozialen Gruppe streben lässt. Eine Bestätigung dessen formuliert Peter Pütz, Professor für Germanistik, in seiner Abhandlung über Goethes Zeit: «die deutsche Sozialgeschichte des 18. Jahrhunderts, heisst es, manifestiert sich primär als Literaturgeschichte.»[24] An dieser Stelle wird nicht detailliert auf die Mentalität von Goethes Zeitgenossen eingegangen, da der Fokus auf dem Primärtext liegt. Dennoch ist es für das Verständnis des Romans wichtig zu berücksichtigen, dass er im «Übergang von der endzeitlichen Feudalgesellschaft zur neuzeitlichen bürgerlichen Welt»[25] verfasst wurde. Dies erklärt die starke Präsenz der Kritik am Adel, sowie Werthers Widersprüchlichkeit im Bezug auf das gesellschaftliche System. Wie bereits erläutert, verhält sich Werthers Zuneigung gegenüber den unteren Klassen nicht immer vorbehaltlos.

«Auf der einen Seite gilt Werther als Vertreter des [...] Bürgertums, auf der anderen Seite jedoch wird das Bürgertum, das seine soziale Identität ausmacht, in seinen Denk – und Lebensformen als von ihm zurückgewiesen hingestellt.»[26]

Dies ist damit zu erklären, dass die «Ansätze zum ständischen Ausgleich zunächst bloss 'ideale Entwürfe'»[27] blieben und erhebliche Diskrepanzen zwischen emanzipatorischem Denken und der Wirklichkeit bestanden. So ist der Grund für Werthers Entfernung von der unteren Schicht nicht nur auf sein Selbstvertrauen, wie zu Beginn des Abschnitts erläutert, zurückzuführen, sondern auch auf die Umstände des 18. Jahrhunderts, welche Goethe geprägt haben und somit in Werthers Verhalten zum Ausdruck kommen. Dennoch «wurde der Mittelstand [in der zweiten Hälfte des 18. Jahrhunderts] rousseauistisch [– auf Werther trifft hier besonders die Abscheu vor der etablierten <u>Kultur</u> und <u>Gesellschaft</u> seiner Zeit zu, welche einen grossen Teil von Rousseaus' Theorie ausmachte –], sentimental und romantisch, die oberen Schichten verachteten dagegen-die ganze Gefühlsduselei»[28]. Abschliessend halte ich fest, dass Werther trotz seiner Distanz gegenüber dem Bürgertum eindeutig mit den unteren Schichten der Gesellschaft sympathisiert und sich für diese einsetzt sowie sich gegen den Adel ausspricht.

24. Dezember 1771: «Was mich am meisten neckt, sind die fatalen bürgerlichen Verhältnisse».

---

[23] Landmann, Michael. *Pluralität und Antinomie – die kulturellen Grundlagen seelischer Konflikte* (1963). S. 28.
[24] Pütz, Peter. *Die deutsche Aufklärung* (1978). S. 154.
[25] Müller, Peter. *Zeitkritik und Utopie in Goethes «Werther»* (1969). S. 8.
[26] Flaschka (1987). S. 66.
[27] Kiesel, Helmut/Münch, Paul. *Gesellschaft und Literatur im 18. Jahrhundert* (1977). S. 44.
[28] Hauser, Arnold. *Sozialgeschichte der Kunst und Literatur* (1953). S. 638.

2.2.2. Werthers Fantasie

2.2.2.a. Werthers Einbildungskraft

Die im vorhergehenden Kapitel beschriebene Emotionalität, die Werthers Denken und Handeln prägt, kommt im Bezug auf seine Fantasie besonders stark zum Ausdruck. Er lässt sich immer wieder dazu verleiten, von der Realität abzukommen und sich in Illusionen zu flüchten. Werther hofft, seine Sehnsucht nach der Unendlichkeit befriedigen zu können, indem er sich aus der vermeintlich einschränkenden Gesellschaft ausgrenzt und sich in seine Fantasie begibt. In einem Teufelskreis erlangt er dadurch eine Verstärkung seiner Einsamkeit, die ihn in seinem kleinen Umfeld des eigenen Ichs in den Wahnsinn treibt. Immer wieder wird der Begriff der «eigenen Welten» Werthers verwendet, womit eben dieses Phänomen gemeint ist.

Er lässt sich von der «warme[n] himmlische[n] Phantasie in [s]einem Herzen, die [ihm] alles rings umher so paradiesisch macht» (12. Mai 1771) leiten und verfällt ihr andauernd – sogar noch wenige Monate vor seinem Tod.

> 5. September 1772: «Was die Einbildungskraft für ein göttliches Geschenk ist.»

Er gibt zu, glücklicher zu sein, wenn er sich in eine Scheinwelt verkriechen kann.

> 6. Julius 1771: «Wir sollen es mit den Kindern machen, wie Gott mit uns, der uns am glücklichsten macht, wenn er uns in freundlichem Wahne so hintaumeln lässt.»

Am 22. Mai beschreibt Werther: «Ich kehre in mich selbst zurück und finde eine Welt!». Werther glaubt, durch seine Fantasie frei zu sein,

> 22. Mai 1771: «[J]a der ist still, und bildet auch eine Welt aus sich selbst, und ist auch glücklich, weil er ein Mensch ist. Und dann, so eingeschränkt er ist, hält er doch immer im Herzen das süsse Gefühl der Freiheit, und dass er diesen Kerker verlassen kann, wann er will.»

doch er hält sich selbst in dieser Vorstellung gefangen, wodurch er sich die Freude am Leben nimmt. Seine innere Welt, seine Gedanken und Spekulationen, die ihn vom Alltag der Gemeinschaft abschneiden, ersetzen die Aussenwelt. Später sieht Werther ein, dass die Gesellschaft nicht die Freiliebenden, sondern die Reichen als überlegen akzeptiert, wodurch sein Bild von sich selbst in Scherben zersplittert.

> «Sein [Werthers] Tod befestigt den Dualismus von innerer und äusserer Welt, weil Werther seine Freiheit allein im Rückgang auf seine Innerlichkeit realisiert, scheitert er an der Abstraktion seiner inneren Existenz von den Bedingungen materieller Existenz, die er nicht kontrolliert» [29].

---

[29] Scherpe (1775). S. 90.

2.2.2.b. Lotte als Werthers Antrieb

Auch Werthers Liebe zu Lotte keimt erst dadurch auf, dass er sich Hals über Kopf in eine Illusion verkrampft.

«In Werthers anfänglicher verliebter Idealisierung Lottes werden vom Roman in enger Verflechtung untereinander mögliche Reservate unentfremdeten Daseins gestaltet»[30].

Um dies verständlicher zu formulieren: Die Idealisierung der jungen Frau treibt die Verfremdung von Werthers realem Umfeld und seiner fantastischen Welt weiter an.

16. Junius 1771, während Werther und Lotte Bekanntschaft schliessen: «[Ich] war so in Träumen rings in der dämmernden Welt verloren, dass ich auf die Musik kaum achtete.»

12. September 1772: «Sie sollte nicht meine Einbildungskraft mit diesen Bildern himmlischer Unschuld und Seligkeit reizen und mein Herz aus dem Schlafe, in den es manchmal die Gleichgültigkeit des Lebens wiegt, nicht wecken!»

Der Fokus von Werthers Welt verlegt sich also immer mehr auf Lotte und sein Abstand zu der realen Welt vergrössert sich.

30. August 1771: «Ich habe kein Gebet mehr als an sie; meiner Einbildungskraft erscheint keine andere Gestalt als die ihrige, und alles in der Welt um mich her sehe ich nur im Verhältnisse mit ihr [...] und das macht so manche glückliche Stunde – bis ich mich wieder von ihr losreissen muss!»

Seine verzerrte Wahrnehmung des Verhältnisses zwischen ihm und Albert bringt dies ebenfalls zum Ausdruck. Werther belügt sich selbst, indem er sich einredet, Albert himmle ihn an. Seine «unterdrückte Aggressivität» könnte also als «Abwehrmechanismus»[31] seiner grenzenlosen Eifersucht gegenüber Albert verstanden werden.

«[D]ann der ehrliche Albert, der durch keine launische Unart mein Glück stört; der mich mit herzlicher Freundschaft umfasst, dem ich nach Lotten das Liebste auf der Welt bin.»

Wie sehr er sich in seine Fantasie hineinsteigert, zeigt sich auch im Brief des 29. Julius 1772: «ich – ihr Mann!» « - Sie meine Frau!». Euphorisch – beinahe ekstatisch – vergisst er sich in seinen Vorstellungen. Er bildet sich ein, Lotte wäre mit ihm glücklicher geworden als mit Albert

29. Julius 1772: «Sie wäre glücklicher geworden mit mir als mit ihm.»

und vergisst dabei, dass Lotte sich vor ihrer Verlobung mit Albert für Werther hätte entscheiden können, wenn sie gewollt hätte. Am 3. September 1772 – als Lotte und Albert bereits verheiratet sind – verfasst Werther eine Liebesode an die junge Frau, was veranschaulicht, dass er sein Schicksal niemals wird akzeptieren können.

---

[30] Hübner, Klaus. *Alltag im literarischen Werk: eine literatursoziologische Studie zu Goethes Werther* (1987). S. 133.
[31] Auer (1999). S. 203.

2.2.2.c. Werthers Gefangenschaft in Illusionen

Am 20. Januar bezeichnet Werther seine eigene Welt als «Käfig», einige Monate später als «Irre».

> 20. Januar 1772: «Die Sonne geht herrlich unter über der schneeglänzenden Gegend, der Sturm ist hinübergezogen, und ich – muss mich wieder in meinen Käfig sperren. – Adieu! Ist Albert bei Ihnen? Und wie –? Gott verzeihe mir diese Frage!»

> 11. Junius 1772: «Noch acht Tage bleibe ich und dann ziehe ich wieder in der Irre herum.»

Werther kommt zu der Einsicht, dass seine eigene Welt ihn betrügt, als Lotte ihn abweist und lässt sich erdrücken von etwas, das er selbst geschaffen hat.

> 11. Junius 1772: «Unsere Einbildungskraft, durch ihre Natur gedrungen, sich zu erheben, durch die phantastischen Bilder der Dichtkunst genährt, bildet sich eine Reihe Wesen hinauf, wo wir das unterste sind, und alles ausser uns herrlicher erscheint.»

Eine der Ursachen für seinen Suizid ist also sein «eigener innerer Konflikt mit der Unvereinbarkeit von Ideal und Wirklichkeit»[32].

Kurz vor seinem Tod schlägt Werthers Einbildungskraft in etwas nahezu Manisches um.

> 30. November 1772: «Ich soll, ich soll nicht zu mir selbst kommen! Wo ich hintrete, begegnet mir eine Erscheinung, die mich aus aller Fassung bringt! Heute! O Schicksal! O Menschheit!»

> 12. Dezember 1772: «[E]s ist ein inneres unbekanntes Toben, das meine Brust zu zerreissen droht.»

> 12. Dezember 1772: «Ach mit offenen Armen stand ich gegen den Abgrund und atmete hinab! Hinab! Und verlor mich in der Wonne, meine Qualen, mein Leiden da hinabzustürzen!»

Der Herausgeber fasst dies wie folgt zusammen:

> «Unmut und Unlust hatten in Werthers Seele immer tiefer Wurzel geschlagen, sich fester untereinander verschlungen und sein ganzes Wesen nach und nach eingenommen. Die Harmonie seines Geistes war völlig zerstört, eine innerliche Hitze und Heftigkeit, die alle Kräfte seiner Natur durcheinander arbeitete, brachte die widrigsten Wirkungen hervor und liess ihm zuletzt nur eine Ermattung übrig, aus der er noch ängstlicher emporstrebte, als er mit allen Übeln bisher gekämpft hatte. Die Beängstigung seines Herzens zehrte die übrigen Kräfte seines Geistes, seine Lebhaftigkeit, seinen Scharfsinn auf, er ward ein trauriger Gesellschafter, immer unglücklicher».

2.2.3. Die Bedeutung der Natur für Werther

«Mit der Entdeckung der Natur als einem der Gesellschaft entgegenzusetzenden Prinzip melancholischer Flucht beginnen Innerlichkeit und Natur einander zu ergänzen: Einsamkeit als Verhaltensform der Innerlichkeit lässt sich nur in der Natur realisieren.»[33]

---

[32] Graefe (2017). S. 321.

[33] Hotz (1974). S. 182.

Mit diesem Zitat veranschaulicht Karl Hotz die Rolle, welche die Natur in Werthers Dasein einnimmt. Nicht nur reflektiert sie seinen Gemütszustand, auch stellt sie die Leinwand oder «den Spiegel des seelischen Erlebens»[34] für Werthers Empfinden dar und wird als «Projektion seines Innern erkennbar» [35]. Werthers Seele blüht auf, wenn er durch die Natur die Möglichkeit erlangt, seine Entfernung von der Aussenwelt anzutreiben.

> «Es sind Momente träumerischer Selbst – und Weltentrückung, in denen Werthers Welt ins Fliessen gerät.»[36]

Der von 'fühlendem Herz gezeichnete' Garten (4. Mai 1771), den Werther kurz nach seiner Ankunft in Weimar besucht, umrahmt Werthers Briefreihe, da er sich in diesem vor seiner Abreise noch einmal mit Lotte und Albert trifft. Als Werther «alle Schauer der Einsamkeit» (10. September 1772) umschweben, überkommt ihn ein Gefühl von «Tod und Zukunft». «Der Garten wird zur Bühne der Seele.»[37]

> 18. August 1771: «Die Natur, die rings umher die Welt mir zu einem Paradiese schuf, wird mir jetzt zu einem unerträglichen Peiniger.»

Sowohl seine Emotionalität als auch sein unerbittlicher Kampf zwischen Realität und Surrealismus und seine Veranlagung zu sinnieren, werden in der Natur widerspiegelt. Man könnte also behaupten, sie sei Werthers Bindeglied zur Aussenwelt. Sie wird jedoch sehr subjektiv wahrgenommen, was das Missverhältnis zwischen Werther und seinem Umfeld wiederum vergrössert. Dies wird unter anderem dadurch deutlich, dass die Wälder für den Protagonisten einen Zufluchtsort darstellen, wenn er sich seinen Problemen widmen sollte.

> 30. Julius 1771: «Ich laufe in den Wäldern herum» heisst es, als Albert ankommt und Werther eifersüchtig wird.

In seiner innigen Liebesbeziehung zur Landschaft verbirgt sich etwas Weltflüchtiges.[38] Er stürzt hinaus ins Freie, wenn ihn seine inneren Konflikte zu ersticken drohen. Ausserdem schreibt Graefe: «Der Reichtum seiner inneren Welt brauche die äussere Verwirklichung nicht. In anderen Momenten erlebt Werther die fehlende künstlerische Umsetzung aber durchaus als Scheitern, was bis hin zum suizidären Gedanken reicht.» [39] Dadurch bringt sie zum Ausdruck, dass Werther wiederum nicht in seiner Welt gefangen bleiben kann und daran scheitert, als ihm dies auch durch die Natur klargemacht wird:

> 10. Mai 1771: «Dann sehn ich mich oft und denke: ach könntest du das wieder ausdrücken, könntest du dem Papier das einhauchen, was so voll, so warm in dir lebt, dass es würde der Spiegel deiner Seele, wie deine Seele ist der Spiegel des unendlichen Gottes. Mein Freund – Aber ich gehe darüber zu Grunde.»

Werther betrachtet die Natur als ein Wesen mit Seele und Verstand, als eine treue Freundin, denn sie soll um ihn trauern, als er sich das Leben nimmt.

> «So traure denn, Natur!» (Abschiedsbrief an Lotte)

Ossian, dominiert von Naturphänomenen und -beschreibungen, erinnert Werther daran, wie zerfallen mit der Welt er sich fühlt und lädt ihn dazu ein, sich in einer Fantasie zu vergessen.

---

[34] Beutler, Ernst. Nachwort zu «Die Leiden des jungen Werther» (1909). S. 163.
[35] Ebd. S. 38.
[36] Hein (1997). S. 41.
[37] Ebd. S. 43.
[38] Ebd. S. 41.
[39] Graefe (2017). S. 280.

12. Oktober 1772: «Ossian hat in meinem Herzen den Homer verdrängt. Welche eine Welt, in die der Herrliche mich führt! Zu wandern über eine Heide, umsaust vom Sturmwinde, der in dampfenden Nebeln die Geister der Väter im dämmernden Lichte des Mondes hinführt.»

Die Natur treibt Werther also dazu an, seinen Entschluss, sich das Leben zu nehmen, in die Tat umzusetzen.

12. Oktober 1772, nach der Lektüre Ossians: «[I]ch möchte gleich einem edlen Waffenträger das Schwert ziehen, meinen Fürsten von der zückenden Qual des langsam absterbenden Lebens auf einmal befreien und dem befreiten Halbgott meine Seele nachsenden.»

Lotte und die Natur können einander also in vielen Ansätzen gegenübergestellt werden: Beide stimulieren Werthers Entzug aus dem gesellschaftlichen Leben, und bringen ihn letztendlich zur Erkenntnis, dass seine Verherrlichung der beiden ihm keinen Rahmen für seine Existenz bieten.

«Neben seiner Hingabe an die Schönheiten der Natur und die Naturpoesie steigert sich seine Verehrung für Lotte in eine idealistische Verklärung. [...] Werther scheitert an der Idealisierung der eigenen Umwelt.»[40]

Werthers Harmoniebeziehung zur Natur wird «auf die Liebesbeziehung zu einer Frau hin umfunktioniert»[41], in der er seinen Anspruch auf Selbstverwirklichung und die «radikale Verweigerung jeglicher Anpassung des Einzelnen an jede soziale Wirklichkeit»[42] ausleben kann.

Die zentrale Komponente von Werthers Entschluss, sich das Leben zu nehmen, ist also seine Einsicht, dass er sich vollständig von seiner Aussenwelt isoliert und sein Dasein einzig auf seinen Empfindungen aufgebaut hat. Als sowohl Lotte, Fräulein B. als auch die Natur ihm dazu verhelfen einzusehen, dass seine Individualität ihn in die Leere geführt hat, kann sich Werther an nichts mehr festhalten. Dafür spricht auch die Bedeutung der «Emilia Galotti», welche der Protagonist kurz vor seinem Tod liest. «Werther vollzieht einen Akt der Identifikation: Er entdeckt in Emilias Katastrophe vor allem seine eigene Lage.»[43]

2.3.   Werther als Philosophennatur und Gegensätze

Werthers Affinität, philosophisch hinterfragend das Handeln des Menschen beurteilen zu wollen, stürzt ihn ins Unglück, da ihm durch seine ständige Auseinandersetzung mit der Welt und sich selbst allmählich die Verschiedenartigkeit der beiden bewusst wird. Ausserdem verführt es ihn dazu, sich zu voreiligen Schlüssen hinreissen zu lassen, denen er selbst widerspricht. Die dadurch entstandene Zwiespältigkeit öffnet ihm Abgründe, in die er sich bereitwillig fallen lässt. Dies ist eng mit seinem Fernbleiben aus der Gemeinschaft verbunden, da ihm so viel Zeit bleibt, sich mit sich selbst zu beschäftigen.

2.3.1.   Die Form des Romans

Die Form des Romans schreit nach der Interpretation: «Werther verglüht regelrecht in seiner Selbstzentrierung.»[44] Goethe hat keineswegs zufällig einen Briefroman verfasst, um Werthers Gemüt

---

[40] Brinckschulte, Eva. *Königs Erläuterungen zu 'Die Leiden des jungen Werthers'* (1990). S. 59.
[41] Hübner, Klaus (1987). S. 144.
[42] Ebd. S. 147.
[43] Hotz (1974). S. 165.
[44] Leis, Mario. Lektüreschlüssel zu «die Leiden des jungen Werther» (2018). S. 23.

anhand von dieser Textsorte zu unterstreichen. Die Briefe können mit Selbstgesprächen des Protagonisten gleichgestellt werden, da er seine Gefühlswelt dem Adressaten gänzlich präsentiert. Dadurch kann der Leser, abgesehen von auktorialen Einschüben des Herausgebers, nur Werthers Perspektive einnehmen. Die Zentrierung der Handlung auf den Icherzähler verstärkt sich dadurch noch mehr. Werther geht während seiner Briefschaften kaum auf Wilhelm ein, sondern schreibt nur von seinen eigenen Belangen. Somit ist dieser Dialog kaum mehr als ein solcher zu bezeichnen, sondern eher als Monolog, der einem anderen erzählt wird. Auch die Namensgebung der Hauptfigur – Werther – weist auf diesen Ansatz hin: Der junge Mann hält sich für wertvoller als seine Mitmenschen, wie im folgenden Kapitel erläutert wird.

2.3.2. Die Gegensätzlichkeit in Werthers Selbstwahrnehmung

Werthers Selbstbild erscheint gegensätzlich: Er pendelt hin und her zwischen «Omnipotenz und Geringschätzung der eigenen Person»[45]. Auf der einen Seite weist er Stolz und Selbstvertrauen – teilweise an Überheblichkeit grenzend – auf, während er auf der anderen Seite an den «guten Gott» appelliert, er möge ihm mehr Selbstvertrauen schenken.

> 20. Oktober 1771: «Guter Gott, der du mir das alles schenktest, warum hieltest du nicht die Hälfte zurück, und gabst mir Selbstvertrauen und Genügsamkeit!»

Ersteres zeichnet sich dadurch aus, dass er sich Albert überlegen fühlt (29. Julius 1771: «Sie wäre glücklicher geworden mit mir als mit ihm»), sich als künstlerisch begabter betrachtet als den Durchschnittsbürger (10. Mai 1771: «ich bin nie ein grösserer Maler gewesen als in diesen Augenblicken») oder den Gesandten als intellektuell Unterworfenen einstuft. Werthers vollkommene Fokussierung auf sich selbst führt zu einer Wankelmütigkeit, deren Gegensätze in Werthers Sprache verdeutlicht werden.

> 4. Mai 1771 an Wilhelm: «Dich zu verlassen, den ich so liebe, von dem ich unzertrennlich war, und froh zu sein!».

> 30. Mai 1771: «Ich will nun suchen, auch sie eh'stens zu sehn, oder vielmehr, wenn ich's recht bedenke, ich will's vermeiden».

> 16. Julius 1771: «[I]ch ziehe zurück wie vom Feuer, und eine geheime Kraft zieht mich wieder vorwärts.»

> 16. Julius 1771: «[I]ch weiss nie, wie mir ist, wenn ich bei ihr bin; es ist als wenn die Seele sich mir in allen Nerven umkehrte.»

2.3.3. Die Widersprüchlichkeit zwischen Werthers Denken und Handeln

Seine innere Unruhe, die er mithilfe von etlichen Gedankensprüngen und -strichen ausdrückt, wird durch Lotte intensiviert. Am 22. Mai 1771 zeigt sich anhand des Beispiels der Kinder, dass seine Unrast längst früher entfacht worden ist.

Werther lässt sich darüber aus, dass Kinder «durch Biskuit und Kuchen und Birkenreiser regiert werden» und «auf diesem Erdboden herumtaumeln», beschreibt aber einen Monat später, dass ihm Kinder das Liebste auf Erden sind.

> 29. Junius 1771: «[M]einem Herzen sind die Kinder am nächsten auf der Erde.»

---

[45] Auer (1999). S. 153.

Darüber hinaus schimpft Werther über die Eigenschaft des Menschen, von dem er sich wiederum deutlich distanziert, gleich alles beurteilen zu wollen,

> 12. August 1771: «Dass ihr Menschen um von einer Sache zu reden, gleich sprechen müsst: das ist töricht, das ist klug, das ist gut, das ist bös! Und was will das alles heissen? Habt ihr deswegen die inneren Verhältnisse einer Handlung erforscht? Wisst ihr mit Bestimmtheit die Ursachen zu entwickeln, warum sie geschah, warum sie geschehen musste? Hättet ihr das, ihr würdet nicht so eilig mit euren Urteilen sein.»

während er selbst jeden Schachzug eines Mitmenschen verurteilt und nicht mehr davon abweicht. Er vergöttert Lotte vom ersten Moment an, verabscheut den Gesandten

> 20. Oktober 1771: «Wenn der Gesandte nur nicht so unhold wäre[!]»

> 20. Oktober 1771: «Das ist ein Leiden, mit so einem Menschen zu tun zu haben.»

und hält die Frau des Pfarrers für eine Närrin,

> 15. September 1772: «Eine Närrin, die sich abgibt, gelehrt zu sein, [...] eine ganz zerrüttete Gesundheit hat und deswegen auf Gottes Erdboden keine Freude.»

da diese die Nussbäume fällen lässt und somit nicht Werthers Beziehung zur Natur nachfühlt. Werther schliesst erneut von sich auf andere – «das eigene Gefühl ist für ihn Mass des Menschlichen»[46].

> «Werther handelt des Öfteren deutlich so oder ihm werden solche Ansichten zugeschrieben, die er bei anderen Gestalten im Text wiederum verleumdet»[47].

Um es prägnant auszudrücken: «Hier wird uns offenbar ein widersprüchlicher Mensch vorgeführt.»[48]

Ernst Beutler nennt den Abschnitt über den Gesandten das Mittel zur Darstellung für «den Abgrund [...], der zwischen der Welt der höfisch-bürgerlichen Geschäfte und der ganz auf sich selbst bezogenen Innerlichkeit Werthers besteht»[49]. Werther redet zudem abschätzig über Menschen, deren Äusseres ihm nicht zusagt.

> 24. Dezember 1771: «Die Physiognomie der Alten gefiel mir nicht[.]»

Er spricht sich gegen ganze Gruppen von Menschen aus, anstatt das Individuum zu berücksichtigen.

> 17. Mai 1771: «Sonst sind mir einige verzerrte Originale in den Weg gelaufen, an denen alles unausstehlich ist, am unerträglichsten ihr Freundschaftsbeziehungen.»

> 8. Januar 1772: «Was das für Menschen sind, deren ganze Seele auf dem Zeremoniell ruht[!]»

Je mehr sich Werther seinem Ende naht, desto ausgeprägter werden die Widersprüche in ihm selbst. Er ist unfähig, sein Herz zu überlisten

> Der Herausgeber an den Leser: «Er [Werther] wollte [von Lotte weg] gehen, er konnte nicht.»

und die inneren Konflikte werden extremer.

> 8. November 1772: «Ich denke – ich denke nicht!»

---

[46] Reiss (1963). S. 19.
[47] Auer (1999). S. 153.
[48] Manthey, Jürgen. *Die Unsterblichkeit Achillis. Vom Ursprung des Erzählens* (1997). S. 173.
[49] Beutler (1909). S. 163.

21. Dezember 1771: «Ich habe eine schreckliche Nacht gehabt, und ach! eine wohltätige Nacht.»

Er sieht sein Dilemma selbst ein und drückt es am 22. November 1772 wie folgt aus:

«Ich witzle mit meinen Schmerzen herum, wenn ich mir's nachliesse, es gäbe eine ganze Litanei von Antithesen.»

Die zwei Herzen, die in Werthers Brust schlagen, und seine Spaltung in Gefühl und Ratio bringt ihn schliesslich um den Verstand und

18. Junius 1772: «Und ich lache über mein eigen Herz – und tu ihm seinen Willen.»

die Gegensätze seiner Existenz zerreissen ihn.

15. November 1772: «Da mein ganzes Wesen zwischen Sein und Nichtsein zittert, da die Vergangenheit wie ein Blitz über dem finstern Abgrunde de Zukunft leuchtet, und alles um mich her versinkt und mit mir die Welt untergeht.»

2.3.4. Lotte als Gegensatz zu Werther

Auch Lotte stellt in gewisser Weise einen Gegensatz zu Werther dar. Eine der ersten Eigenschaften, die Werther erwähnt, ist ihre innere Ruhe, welche ihm gänzlich fehlt.

16. Juni 1771: «Die Ruhe der Seele bei dem wahren Leben und der Tätigkeit!»

Darüber hinaus unterstützt Lotte zwar seine Ideen, allerdings führt sie – im Gegensatz zu Werther – kein Leben, das sich aktiv gegen die Richtlinien der Gesellschaft auflehnt. Ihre Anziehung auf Werther könnte also auch darauf zurückzuführen sein, dass sie die Charakterzüge besitzt, deren Abwesenheit Werther so unstet macht. Mit ihrem Vermögen, realistisch zu denken, sieht sie, dass Werther selbst derjenige ist, der sich zugrunde richtet.

Kurz vor Werthers Tod: «Fühlen Sie nicht, dass Sie sich betriegen, sich mit Willen zugrunde richten!»

«Während aber Werther nicht die Kraft besitzt, Mass zu halten, und nur zur Befriedigung seiner Neigungen lebt, [...] bewahrt Lotte jederzeit strengste Mässigung und Selbstbeherrschung.»[50]

2.3.5. Fazit

Das Ausmass an Interpretation, das Werther an den Tag legt und das ihm hilft, eine Fantasiewelt zu aufzubauen, beschreibt er selbst in einem seiner Briefe:

27. Mai 1771: «Ich bin, wie ich sehe, in Verzückung, Gleichnisse und Deklamation verfallen, und habe darüber vergessen, dir auszuerzählen, was mit den Kindern weiter geworden ist».

Werther «zerbricht letztendlich am Widerspruch des eigenen inneren Reichtums zu kläglichen Bedingtheiten der Aussen – und Umwelt»[51], zumindest trägt seine «innere Spaltung»[52] einen grossen Teil dazu bei.

---

[50] Brinckschulte (1990). S. 71.
[51] Ebd. S. 68.
[52] Auer (1999). S. 105.

3. Schlusswort

3.1. Fazit

Mit meiner Arbeit konnte ich aufzeigen, dass sich meine These

«Die Ursprünge von Werthers Verderben sind in seiner Emotionalität zu suchen, in seiner Isolation von der Aussenwelt, seiner Neigung, alles zu hinterfragen und in seinen inneren Gegensätzen. »

bestätigt hat und somit meine Fragestellung «Inwiefern entspringen die Beweggründe für Werthers Selbstmord seinen persönlichen Veranlagungen?» beantwortet wurde. Werthers Persönlichkeit ist insofern der Knotenpunkt seines 'Untergangs', als dass seine Emotionalität, sein Aufbau von eigenen Welten und die damit verbundene Ignoranz gegenüber der Aussenwelt ihn in den Wahnsinn treiben. Sein Hang, alles zu hinterfragen und die Widersprüche bestimmen ihn. Ich habe dargelegt, dass seine extremen Stimmungsschwankungen – euphorisch oder zu Tode betrübt – überhand nehmen, ohne dass er sie beherrschen kann. Er unterwirft sich somit seinen Emotionen. Die Bekanntschaft mit Lotte verstärkt die Dysbalance zwischen den Empfindungen, bis sich Werther nicht mehr aus seinen submanischen Zuständen zu befreien weiss. Formal bringt Goethe dies mithilfe der «Verknappung» und Hyperbeln zum Ausdruck. Diese Emotionalität trägt schliesslich zu Werthers Hilflosigkeit bei, sich aus seiner Misere zu befreien. Als seine Welt zusammenbricht, ist er nicht stabil genug, um sich auffangen zu können und erschiesst sich. Werther ist bereits zu Beginn des Romans ein Einzelgänger. Er ist froh, «weg zu sein» und stellt sich gegen die Normen der Gesellschaft. Grundsätzlich sympathisiert Werther mit den unteren Schichten und verpönt den Adel, allerdings fühlt er sich keiner der beiden Gesellschaftsschichten zugehörig. Dies kann mit der Mentalität des Bürgertums im 18. Jahrhundert erklärt werden. Obwohl der junge Mann sich lieber zurückzieht, als einer Gemeinschaft anzugehören, leidet er darunter, als er vom Fest des Grafen verwiesen wird und hegt Suizidgedanken. An diesem Beispiel lässt sich schön veranschaulichen, dass Werther – als er in sich selbst keinen Halt mehr findet – nach einer Welt sucht, an die er sich klammern kann. Als er einsieht, dass ihm weder Adel noch untere Klassen geben können, wonach er sucht, verzweifelt er. Lottes Ablehnung bildet dazu eine Parallele: Er vernarrt sich in ihre Welt, die aber keinen Platz für ihn hat.

Schliesslich ist die einzige Welt, die ihm bleibt, seine Fantasie. Er baut eine fantastische Alternative zu einem sozialen Umfeld auf, die ihm alles «paradiesisch» erscheinen lässt, aber auf Dauer nicht anhält. Er verfängt sich in der Vorstellung, frei zu sein, bis diese zum «Käfig» wird. Lotte und Wilhelm sind gegen Ende seines Lebens Werthers einziger Bezug zur Aussenwelt. Seine Angebetete bittet ihn, sie weniger häufig zu besuchen, wodurch er allein zurückbleibt. Auch die Briefschaften mit Wilhelm sind für Werther nicht Stütze genug, um sich von seiner Unvereinbarkeit von Wirklichkeit und Ideal –was ebenso den Bürger aus Goethes Zeit verkörpert – nicht zum Selbstmord anregen zu lassen. Die Natur widerspiegelt die Innerlichkeit des Protagonisten und indem sie ihm einen Ort der Zuflucht bietet, treibt sie, gleichermassen wie Lotte, seine Entfremdung von der Aussenwelt an. Es ist schliesslich auch das Werk «Ossian», welches dem jungen Mann den letzten Anstoss gibt, sich das Leben zu nehmen. Zu guter Letzt spielt Werthers philosophische Veranlagung eine erhebliche Rolle. Erst durch sie gelingt es ihm, zu realisieren, wie gegensätzlich seine Innen – und Aussenwelt sich entwickelt haben. Er lässt sich von ihr zu voreiligen Schlüssen verleiten, wodurch Widersprüche entstehen, die Abgründe in ihm öffnen. Er spricht sich gegen Verhaltensmuster aus, denen er selbst nachkommt, er ist hin – und hergerissen zwischen Liebe und Eifersucht gegenüber Albert und kämpft damit, seine Emotionalität einzuordnen. Lotte kann in diesem Fall auch als eine Ablenkung aus seinem Zwang, alles hinterfragen zu müssen, interpretiert werden. Die Triebkräfte für Werthers Verfall spriessen also in seinem Inneren und finden ihren Ursprung in den Unruhen und Widersprüchen, die seinen Charakter prägen.

3.2. Rückblick

Rückblickend möchte ich festhalten, dass ich stolz auf das Ergebnis meiner Arbeit über «die Leiden des jungen Werther» bin. Ich schätze meine Interpretation als gut begründet und einleuchtend ein und bin zufrieden mit der Art, wie ich auf den Text eingegangen bin, ohne dabei die Sekundärliteratur ausser Acht zu lassen. Beim Umgang mit dieser ist mir aufgefallen, wie sehr Meinungen bezüglich eines Themas auseinandergehen und es ist beeindruckend, wie unterschiedliche Ansichten plausibel belegt werden können. Selbstverständlich sind einige Argumentationsweisen überzeugender als andere. Ich habe die Methode, klare und eindeutige Formulierungen zu verwenden und besonders intensiv mit dem primären Werk zu argumentieren, als überzeugend empfunden, da mir diese als Leserin vor Augen führt, dass sich der Autor der Interpretation wirklich mit dem Roman auseinandergesetzt hat. Daher habe ich diejenigen Texte, die zwar mit Fachbegriffen arbeiten, aber ihre Punkte einleuchtend darlegen, viel lieber gelesen als jene, durch deren komplexe Satzstrukturen der Inhalt einer Aussage beinahe unverständlich gemacht wird. Ein Beispiel für letzteres ist Klaus Hübners Analyse «Alltag im literarischen Werk». Trotz sehr hilfreicher Gedankenanstösse war es mühselig, mich mit seiner äusserst komplizierten Schreibweise und seinen verschachtelten Satzgefügen auseinander zu setzen. Dem gegenüber steht Elisabeth Auers Abhandlung, welche prägnant auf einzelne Aspekte eingeht und ihre Argumente treffend einsetzt. Ausserdem erläutert die Autorin zu Beginn des Werks das Ziel ihrer Arbeit, sowie ihre Vorgehensweise, während Klaus Hübner sofort mit der Interpretation anfängt. Es war eine Herausforderung, die grosse Menge an sekundärer Literatur zu lesen und den für meine Arbeit brauchbaren Inhalt herauszufiltern, ohne den Überblick zu verlieren. Die verschiedenen Analysen gedanklich auseinander halten zu können, erwies sich als schwieriger als erwartet.

Die grösste Schwierigkeit beim Verfassen meines Textes war, die unzähligen Zitate und Handlungsabläufe, sowie die sekundären Schriften und meine eigenen Analysen zu einem kohärenten, fliessenden Ganzen zu verflechten. Ich habe im Verlauf des Schreibens einige Methoden entwickelt, um dem Arbeitsprozess mehr Struktur zu verleihen. Dazu gehörte ausführliches Brainstorming anhand von Mindmaps und Tabellen, in denen ich Zitate den Thesen zuordnete, die getrennte Ausarbeitung von Primär – und Sekundärliteratur, sowie das mehrfache Überarbeiten der einzelnen Kapitel und der gesamten Arbeit. Ich habe mich grob an folgendes Schema gehalten:

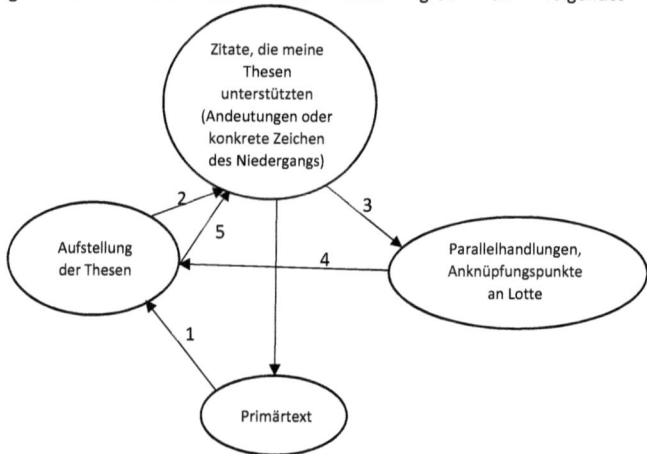

Wie sich in diesem Diagramm erkennen lässt, war der Verfassungsprozess meiner Arbeit ein ständiges Wechselspiel zwischen aktivem Suchen nach Stellen im Stück, die meine Thesen unterstützen und dem Finden von Zitaten, die mir weitere Blickwinkel auf meine Thesen erlaubt haben.

Entgegen meinen Erwartungen stellte sich Goethes Sprache nicht als Hindernis heraus, da ich mich aufgrund der intensiven Auseinandersetzung mit dem Roman schnell daran gewöhnt hatte.

Meine Maturaarbeit hat mir ermöglicht, die Vorgehensweisen eines Literaturwissenschaftlers nachzuvollziehen und anzuwenden und dabei zu lernen, wie ich die Herausforderungen, denen sie sich stellen, meistern kann. Ich nahm die Chance wahr, mich intensiv mit einem Werk auseinander zu setzen, habe mich vertieft und über einen langen Zeitraum damit befasst und ich habe Erkenntnisse gewonnen und Zusammenhänge verstanden, welche Grundlage waren für meine Arbeit. Meine Interpretationen darzulegen und das Spiel mit der Sprache haben mir grossen Spass gemacht. Die Einsicht, wie viel tiefer ich in das Werk Goethes noch hätte eindringen können, fasziniert mich. Aus Zeitgründen musste ich jedoch einen Schlussstrich setzen.

Als Erweiterung meiner Arbeit wäre es sehr interessant, vertiefter auf die Rolle äusserer Ereignisse einzugehen, die Werthers Entschluss, sich das Leben zu nehmen, angekurbelt haben. Ebenfalls vielversprechend sind die Untersuchung der Parallelhandlungen (Bauernbursche, Mädchen) und inwiefern letztere die Haupthandlung widerspiegeln sowie das Verhältnis zwischen Wilhelm und Werther. Eine umfangreichere Analyse der Einflüsse, die Goethes Zeitgenossen und deren Gesellschaftsstruktur auf die Denk – und Handlungsweise Werthers hatten, würde sich sicher lohnen. Die formalen Aspekte des Werkes, wie zeitliche Abstände der Briefe, die Anrede Wilhelms oder die sprachlichen Eigenheiten, könnten genauer untersucht werden. Auch der Vergleich mit Arthur Schnitzlers «Else» hätte mich gereizt.

4. Appendix

Bibliographie

Primärliteratur

Goethe, Johann Wolfgang. Die Leiden des jungen Werther (1774).

Sekundärliteratur

Bücher und Essays:

- Adler, Gabriele. *Die Darstellung des Suizids in der deutschsprachigen Literatur seit Goethe* (1995). Verlag nicht ermittelbar.

- Auer, Elisabeth. *«Selbstmord begehen zu wollen ist wie ein Gedicht zu schreiben» eine psychoanalytische Studie zu Goethes Briefroman «die Leiden des jungen Werther»* (1999). Edsbruk.

- Beutler, Ernst. *Nachwort zu «Die Leiden des jungen Werther»* (1909). Stuttgart.

- Bloom, Karin. *Individuum versus Gesellschaft. Die Funktionen des Erzählers in Goethes Werther* (2009).

- Borchert, Hans Heinrich. *Der Roman der Goethezeit* (1949). Stuttgart.

- Brinckschulte, Eva. *Königs Erläuterungen zu 'Die Leiden des jungen Werthers'* (1990). 7. Auflage. Hollfeld.

- Flaschka, Horst. *Goethes «Werther», Werkkontextuelle Deskription und Analyse* (1987). Wilhelm Fink Verlag. München.

- Gontarczyk, Agata. *Der Suizid in der Literatur des Umbruchs vom 18. zum 19. Jahrhundert* (2013). Norderstedt.

- Graefe, Annette. *Das Suizidmotiv in der deutschsprachigen Literatur – Gestaltung und Funktion* (2017). Düsseldorf.

- Hauser, Arnold. *Sozialgeschichte der Kunst und Literatur* (1953). München.

- Hein, Edgar. *Die Leiden des jungen Werther, Oldenbourg Interpretation* (1997). München.

- Hirsch, Arnold. *Die Leiden des jungen Werthers. Ein bürgerliches Schicksal im absolutistischen Staat*, in: *Études Germaniques 13* (1958).

- Hotz, Karl. *Goethes 'Werther' als Modell für kritisches Lesen* (1974). Ernst Klett, Stuttgart.

- Hübner, Klaus. *Alltag im literarischen Werk: eine literatursoziologische Studie zu Goethes Werther* (1987). 2. Auflage. Heidelberg.

- Kiesel, Helmuth/Münch, Paul. *Gesellschaft und Literatur im 18. Jahrhundert: Voraussetzungen und Entstehung des literarischen Markts in Deutschland* (1977). München.

- Landmann, Michael. *Pluralität und Antinomie – die kulturellen Grundlagen seelischer Konflikte* (1963). München-Basel.

- Leis, Mario. *Lektüreschlüssel zu «die Leiden des jungen Werther»* (2018). Reclam Verlag. Ditzingen.

- Mann, Thomas. *Goethes 'Werther'* (1941). In: Hermann, Hans Peter. *Goethes 'Werther'. Kritik und Forschung* (1994). Darmstadt.

- Manthey, Jürgen. *Die Unsterblichkeit Achillis. Vom Ursprung des Erzählens* (1997). München-Wien.

- Migge, Walther. *Goethes «Werther». Entstehung und Wirkung* (1967). Frankfurt am Main.

- Müller, Peter. *Zeitkritik und Utopie in Goethes «Werther»* (1969). Berlin.

- Pütz, Peter. *Die deutsche Aufklärung* (1978). Darmstadt.

- Reiss, Hans. *Goethes Romane* (1963). Bern und München.

- Scherpe, Klaus. *Werther und Wertherwirkung* (1775). Gehlen.

- Werner, Hans-Georg. *Umfrage – Zum Erbe in Wissenschaft und Praxis* (1970). Heidelberg.

Sonstige Quellenangaben:

Bild:

GOETHE: WERTHER. 'Das Leiden des Jungen Werthers (The Sorrows of Young Werther),' by Johann von Goethe. Wood engraving, German, 19th century. © Granger, Fine Art America. https://fineartamerica.com/featured/13-goethe-werther-granger.html

BEI GRIN MACHT SICH IHR WISSEN BEZAHLT